amavisse e outros poemas

poesia de bolso

hilda hilst

amavisse e outros poemas

Companhia Das Letras

Copyright © 2021 by Daniel Bilenky Mora Fuentes

Grafia atualizada segundo o Acordo Ortográfico da Língua Portuguesa de 1990, que entrou em vigor no Brasil em 2009.

Capa, ilustração e projeto gráfico
Elisa von Randow

Preparação
Heloisa Jahn

Revisão
Angela das Neves
Huendel Viana

Dados Internacionais de Catalogação na Publicação (CIP)
(Câmara Brasileira do Livro, SP, Brasil)

Hilst, Hilda, 1930-2004
  Amavisse e outros poemas / Hilda Hilst — 1ª ed. —
São Paulo : Companhia das Letras, 2021.

  ISBN 978-65-5921-080-0

  1. Poesia brasileira I. Título.

21-61729 CDD-B869.1

Índice para catálogo sistemático:
1. Poesia : Literatura brasileira B869.1

Cibele Maria Dias – Bibliotecária – CRB-8/9427

[2021]
Todos os direitos desta edição reservados à
EDITORA SCHWARCZ S.A.
Rua Bandeira Paulista, 702, cj. 32
04532-002 — São Paulo — SP
Telefone: (11) 3707-3500
www.companhiadasletras.com.br
www.blogdacompanhia.com.br
facebook.com/companhiadasletras
instagram.com/companhiadasletras
twitter.com/cialetras

sumário

Amavisse.. 7
Via espessa... 33
Via vazia... 53
Alcoólicas... 67
Do desejo... 81
Da noite... 95
Cantares do sem nome e de partidas........... 107

sobre a autora.. 121
índice de primeiros versos.......................... 123

Esta edição traz, em ordem cronológica, os livros de poemas publicados por Hilda Hilst entre 1989 e 1995. Trata-se da produção final da autora. *Amavisse*, lançado em 1989 pela editora Massao Ohno, incluía a trilogia: *Amavisse, Via espessa e Via vazia. Alcoólicas* saiu em 1990, com ilustrações de Ubirajara Ribeiro, pela editora Maison de Vins. A reunião *Do desejo*, publicada em 1992 pela editora Pontes, abarcava os títulos já mencionados, além de *Sobre a tua grande face* (1986) e *Da noite* (1992). Em 1995, Hilda lançou *Cantares do sem nome e de partidas*, sua última coletânea de poemas inéditos, pela Massao Ohno. *Bufólicas*, de 1992, não foi incluído no presente volume por se tratar de uma obra à parte — o título integra a tetralogia obscena, ao lado de *O caderno rosa de Lori Lamby, Contos d'escárnio* e *Cartas de um sedutor*.

amavisse

[1989]

À memória de Ernest Becker
À memória de Vladimir Jankelevitch

... ter um dia amado (amavisse)
VLADIMIR JANKELEVITCH

Porco-poeta que me sei, na cegueira, no charco
À espera da Tua Fome, permita-me a pergunta
Senhor de porcos e de homens:
Ouviste acaso, ou te foi familiar
Um verbo que nos baixios daqui muito se ouve
O verbo amar?

Porque na cegueira, no charco
Na trama dos vocábulos
Na decantada lâmina enterrada
Na minha axila de pelos e de carne
Na esteira de palha que me envolve a alma

Do verbo apenas entrevi o contorno breve:
É coisa de morrer e de matar mas tem som de sorriso.
Sangra, estilhaça, devora, e por isso
De entender-lhe o cerne não me foi dada a hora.

É verbo?
Ou sobrenome de um deus prenhe de humor
Na péripla aventura da conquista?

I

Carrega-me contigo, Pássaro-Poesia
Quando cruzares o Amanhã, a luz, o impossível
Porque de barro e palha tem sido esta viagem
Que faço a sós comigo. Isenta de traçado
Ou de complicada geografia, sem nenhuma bagagem
Hei de levar apenas a vertigem e a fé:
Para teu corpo de luz, dois fardos breves.
Deixarei palavras e cantigas. E movediças
Embaçadas vias de Ilusão.
Não cantei cotidianos. Só te cantei a ti
Pássaro-Poesia
E a paisagem-limite: o fosso, o extremo
A convulsão do Homem.

Carrega-me contigo.
No Amanhã.

II

Como se te perdesse, assim te quero.
Como se não te visse (favas douradas
Sob um amarelo) assim te apreendo brusco
Inamovível, e te respiro inteiro

Um arco-íris de ar em águas profundas.

Como se tudo o mais me permitisses,
A mim me fotografo nuns portões de ferro
Ocres, altos, e eu mesma diluída e mínima
No dissoluto de toda despedida.

Como se te perdesse nos trens, nas estações
Ou contornando um círculo de águas
Removente ave, assim te somo a mim:
De redes e de anseios inundada.

III

De uma fome de afagos, tigres baços
Vêm se juntar a mim na noite oca.
E eu mesma estilhaçada, prenhe de solidões
Tento voltar à luz que me foi dada
E sobreponho as mãos nas veludosas patas.

De uma fome de sonhos
Tento voltar àquelas geografias
De um Fazedor de versos e sua estrada.
Aliso os grandes dorsos
Memorizo este ser que me sou

E sobre os fulcros dentes, ali
É que passeio e deslizo a minha fome.

Então se aquietam de pura madrugada
Meus tigres de ferrugem. As garras recolhidas
Numa agonia de ser, tão indivisa
Como se mesmo a morte os excluísse.

IV

Se chegarem as gentes, diga que vivo o meu avesso.
Que há um vivaz escarlate
Sobre o peito de antes palidez, e linhos faiscantes
Sobre as magras ancas, e inquietantes cardumes
Sobre os pés. Que a boca não se vê, nem se ouve a palavra

Mas há fonemas sílabas sufixos diagramas
Contornando o meu quarto de fundo sem começo.
Que a mulher parecia adequada numa noite de antes
E amanheceu como se vivesse sob as águas. Crispada.
Flutissonante.

Diga-lhes principalmente
Que há um oco fulgente num todo escancarado.
E um negrume de traço nas paredes de cal
Onde a mulher-avesso se meteu.

Que ela não está neste domingo à tarde apropriada.
E que tomou algália
E gritou às galinhas que falou com Deus.

V

As maçãs ao relento. Duas. E o viscoso
Do Tempo sobre a boca e a hora. As maçãs
Deixei-as para quem devora esta agonia crua:
Meu instante de penumbra salivosa.

As maçãs comi-as como quem namora. Tocando
Longamente a pele nua. Depois mordi a carne
De maçãs e sonhos: sua alvura porosa.

E deitei-me como quem sabe o Tempo e o vermelho:
Brevidade de um passo no passeio.

VI

Que as barcaças do Tempo me devolvam
A primitiva urna de palavras.
Que me devolvam a ti e o teu rosto
Como desde sempre o conheci: pungente
Mas cintilando de vida, renovado
Como se o sol e o rosto caminhassem
Porque vinha de um a luz do outro.

Que me devolvam a noite, o espaço
De me sentir tão vasta e pertencida
Como se águas e madeiras de todas as barcaças
Se fizessem matéria rediviva, adolescência e mito.

Que eu te devolva a fonte do meu primeiro grito.

VII

Aquele fino traço da colina
Quero trancar na cancela
Da alma. Alimento e medida
Para as muitas vidas do depois.

Curva de um devaneio inatingido
Um todo estendido adolescente
Aquele fino traço da colina
Há de viver na paisagem da mente

Como a distância habita em certos pássaros
Como o poeta habita nas ardências.

VIII

Guardo-vos manhãs de terracota e azul
Quando o meu peito tingido de vermelho
Vivia a dissolvência da paixão.
O capim calcinado das queimadas
Tinha o cheiro da vida, e os atalhos
Estreitos tinham tudo a ver com o desmedido
E as águas do universo se faziam parcas
Para afogar meu verso. Guardo-vos, Iluminadas
Recendentes manhãs tão irreais no hoje
Como fazer nascer girassóis do topázio
E dos rubis, romãs.

IX

Amor chagado, de púrpura, de desejo
Pontilhado. Volto à seiva de cordas
Da guitarra, e recheio de sons o teu jazigo.
Volto empoeirada de vestígios, arvoredo de ouro
Do que fomos, gotas de sal na planície do olvido
Para reacender a tua fome.

Amor de sombras de ocasos e de ovelhas.
Volto como quem soma a vida inteira
A todos os outonos. Volto novíssima, incoerente
Cógnita
Como quem vê e escuta o cerne da semente
E da altura de dentro já lhe sabe o nome.

E reverdeço
No rosa de umas tangerinas
E nos azuis de todos os começos.

X

Há um incêndio de angústias e de sons
Sobre os intentos. E no corpo da tarde
Se fez uma ferida. A mulher emergiu
Descompassada no de dentro da outra:
Uma mulher de mim nos incêndios do Nada.
Tinha o rosto de uns rios: quebradiço
E terroso. O peito carregado de ametistas.
Uma mulher me viu no roxo das ciladas:
Esculpindo de novo teu rosto no vazio.

XI

Os ponteiros de anil no esguio das águas.
Tua sombra azulada repensando os rios
E agudíssimas horas atravessando o leito
Das barcaças.
Tem sido noite extrema. Finos fios
Sulcando de sangue as esperanças.

Os ponteiros de anil. Nossas duas vidas
Devastadas, num lago de janeiros.

XII

Se tivesse madeira e ilusões
Faria um barco e pensaria o arco-íris.
Se te pensasse, amigo, a Terra toda
Seria de saliva e de chegança.
Te moldaria numa carne de antes
Sem nome ou Paraíso.

Se me pensasses, Vida, que matéria
Que cores para minha possível sobrevida?

XIII

Extrema, toco-te o rosto. De ti me vem
À ponta dos meus dedos o ouro da volúpia
E o encantado glabro das avencas. De ti me vem
A noite tingida de matizes, flutuante
De mitos de águas. Inaudita.
Extrema, toco-te a boca como quem precisa
Sustentar o fogo para a própria vida.
E úmido de cio, de inocência,
É à saudade de mim que me condenas.

Extrema, inomeada, toco-me a mim.
Antes, tão memória. E tão jovem agora.

XIV

um fado para uma guitarra

Outeiros, átrios, pombas e vindimas.
Em algum tempo
Vivi a eternidade dessas rimas.
Pastora, entre os animais é que cresci. E lhes pensava
O pelo e a formosura. Senhora, tive a casa
Daqueles da minha raça. Agrandados vestíbulos
E aves e pomares, e por fidelidade pereci.
De humildes aldeias e de casas grandes
Transitei entre as vidas. Depois amei
Extremante e soturna. A quem me amava matei.
Porisso nesta vida temo o amor e facas.
Porisso nesta vida

Canto canções assim tão compassivas
Na minha língua esquecida.

XV

Paliçadas e juncos
E agudos gritos de um pássaro nos alagadiços.
Tem sido este o tempo de prenúncios.

Tecida de carmim no traçado das horas
A vida se refaz:
Um risco de sorriso nos olhos luminosos
Um ter visto
O traçado do extenso no inimaginável Paraíso.

E de novo, no instante
Paliçadas e juncos.
E agudos gritos de um pássaro nos alagadiços.

XVI

Devo viver entre os homens
Se sou mais pelo, mais dor
Menos garra e menos carne humana?
E não tendo armadura
E tendo quase muito do cordeiro
E quase nada da mão que empunha a faca
Devo continuar a caminhada?

Devo continuar a te dizer palavras
Se a poesia apodrece
Entre as ruínas da Casa que é a tua alma?
Ai, Luz que permanece no meu corpo e cara:
Como foi que desaprendi de ser humana?

XVII

As barcas afundadas. Cintilantes
Sob o rio. E é assim o poema. Cintilante
E obscura barca ardendo sob as águas.
Palavras eu as fiz nascer
Dentro da tua garganta.
Úmidas algumas, de transparente raiz:
Um molhado de línguas e de dentes.
Outras de geometria. Finas, angulosas
Como são as tuas
Quando falam de poetas, de poesia.

As barcas afundadas. Minhas palavras.
Mas poderão arder luas de eternidade.
E doutas, de ironia as tuas
Só através da minha vida vão viver.

XVIII

Será que apreendo a morte
Perdendo-me a cada dia
No patamar sem fim do sentimento?
Ou quem sabe apreendo a vida
Escurecendo anárquica na tarde
Ou se pudesse
Tomar para o meu peito a vastidão
O caminho dos ventos
O descomedimento da cantiga.

Será que apreendo a sorte
Entrelaçando a cinza do morrer
Ao sêmen da tua vida?

XIX

Empoçada de instantes, cresce a noite
Descosendo as falas. Um poema entremuros
Quer nascer, de carne jubilosa
E longo corpo escuro. Pergunto-me
Se a perfeição não seria o não dizer
E deixar aquietadas as palavras
Nos noturnos desvãos. Um poema pulsante

Ainda que imperfeito quer nascer.

Estendo sobre a mesa o grande corpo
Envolto na sua bruma. Expiro amor e ar
Sobre as suas ventas. Nasce intensa
E luzente a minha cria
No azulecer da tinta e à luz do dia.

XX

De grossos muros, de folhas machucadas
É que caminham as gentes pelas ruas.
De dolorido sumo e de duras frentes
É que são feitas as caras. Ai, Tempo

Entardecido de sons que não compreendo.
Olhares que se fazem bofetadas, passos
Cavados, fundos, vindos de um alto poço
De um sinistro Nada. E bocas tortuosas

Sem palavras.

E o que há de ser da minha boca de inventos
Neste entardecer? E do ouro que sai
Da garganta dos loucos, o que há de ser?

O escritor e seus múltiplos vêm vos dizer adeus.
Tentou na palavra o extremo-tudo
E esboçou-se santo, prostituto e corifeu. A infância
Foi velada: obscura na teia da poesia e da loucura.
A juventude apenas uma lauda de lascívia, de frêmito
Tempo-Nada na página.
Depois, transgressor metalescente de percursos
Colou-se à compaixão, abismos e à sua própria sombra.
Poupem-no do desperdício de explicar o ato de brincar.
A dádiva de antes (a obra) excedeu-se no luxo.
O Caderno Rosa é apenas resíduo de um "Potlatch".
E hoje, repetindo Bataille:
"Sinto-me livre para fracassar".

Este poema saiu na quarta capa da primeira edição de *Amavisse* (1989) e no apêndice de *Da poesia* (2017). (N. E.)

via
espessa

[1989]

I

De cigarras e pedras, querem nascer palavras.
Mas o poeta mora
A sós num corredor de luas, uma casa de águas.
De mapas-múndi, de atalhos, querem nascer viagens.
Mas o poeta habita
O campo de estalagens da loucura.

Da carne de mulheres, querem nascer os homens.
E o poeta preexiste, entre a luz e o sem-nome.

II

Se te pertenço, separo-me de mim.
Perco meu passo nos caminhos de terra
E de Dionísio sigo a carne, a ebriedade.
Se te pertenço perco a luz e o nome
E a nitidez do olhar de todos os começos:
O que me parecia um desenho no eterno
Se te pertenço é um acorde ilusório no silêncio.

E por isso, por perder o mundo
Separo-me de mim. Pelo Absurdo.

III

Olhando o meu passeio
Há um louco sobre o muro
Balançando os pés.
Mostra-me o peito estufado de pelos
E tem entre as coxas um lixo de papéis:
— Procura Deus, senhora? Procura Deus?

E simétrico de zelos, balouçante
Dobra-se num salto e desnuda o traseiro.

IV

O louco estendeu-se sobre a ponte
E atravessou o instante.
Estendi-me ao lado da loucura
Porque quis ouvir o vermelho do bronze

E passar a língua sobre a tintura espessa
De um açoite.

Um louco permitiu que eu juntasse a sua luz
À minha dura noite.

V

O louco (a minha sombra) escancarou a boca:
— O que restou de nós decifrado nos sonhos
  Os arrozais, teu nome, tardes, juncos
  Tuas ruas que no meu caminho percorri?
  Ai, sim, me lembro de um sentir de adornos
  Mas há uma luz sem nome que me queima
  E das coisas criadas me esqueci.

VI

O louco saltimbanco
Atravessa a estrada de terra
Da minha rua, e grita à minha porta:
— Ó senhora Samsara, ó senhora —
 Pergunto-lhe por que me faz a mim tão perseguida
 Se essa de nome esdrúxulo aqui não mora.

— Pois aquilo que caminha em círculos
 É Samsara, senhora —
E recheado de risos, murmura uns indizíveis
Colado ao meu ouvido.

VII

Devo voltar à luz que me pensou
De poeira e começos?
Devo voltar ao barro e às mãos de vidro
Que fragilizadas me pensaram?
Devo pensar o louco (a minha sombra)
À luz das emboscadas?
Ai girassóis sobre a mesa de águas.

— Estetizante — disse-me o louco
  Grudado à minha poética omoplata.
— Os girassóis? Ah, Samsara, teu esquecido sol.
  Uma mesa de águas? Que volúpia, que máscara
  E que ambíguo deleite
  Para a voracidade da tua alma.

VIII

Eram águas castanhas as que eu via.
Caras de palha e corda nas barcaças brancas.
Velas de linhos novos, luzidios
Mas resíduos. Sobras.

Colou-se minha sombra às minhas costas:
— Que bagagem, senhora.
  O Nada navegando à tua porta.

IX

O louco se fechou ao riso
Se torceu convulso de fingida agonia
E como se lançasse flores à cova de um morto
Atirou-me os guizos.
Por quê? perguntei adusta e ressentida.

— Ó senhora, porque mora na morte
  Aquele que procura Deus na austeridade.

X

— É o olho copioso de Deus. É o olho cego
   De quem quer ver. Vês? De tão aberto
   Queimado de amarelo —
Assim me disse o louco (esguio e loiro)
Olhando o girassol que nasceu no meu teto.

XI

De canoas verdes de amargas oliveiras
De rios pastosos de cascalho e poeira
De tudo isso meu cantochão tecido de ervas negras.
Grita-me o louco:
— De amoras. De tintas rubras do instante
  É que se tinge a vida. De embriaguez, Samsara.

E atravessou no riso a tarde fulva.

XII

Temendo deste agosto o fogo e o vento
Caminho junto às cercas, cuidadosa
Na tarde de queimadas, tarde cega.
Há um velho mourão enegrecido de queimadas antigas.
E ali reencontro o louco:
— Temendo os teus limites, Samsara esvaecida?
 Por que não deixas o fogo onividente
 Lamber o corpo e a escrita? E por que não arder
 Casando o Onisciente à tua vida?

XIII

— Queres voar, Samsara? Queres trocar o moroso das pernas
  Pela magia das penas, e planar coruscante
  Acima da demência? Porque te vejo às tardes desejosa
  De ser uma das aves retardatárias do pomar.
  Aquela ali talvez, rumo ao poente.

Pois pode ser, lhe disse. Santos e lobos
Devem ter tido o meu mesmo pensar. Olhos no céu
Orando, uivando aos corvos.

Então aproximou-se rente ao meu pescoço:
— Esquece texto e sabença. As cadeias do gozo.
  E labaredas do intenso te farão o voo.

XIV

Telhas, calhas
Cordas de luz que se fizeram palavra
Alguém sonha a carne da minha alma.

Ecos, poço
O esquecimento perseguindo um corpo
Aqui me tens entre a vigília e o encanto

Cativa da loucura
Perseguindo o louco.

XV

Eram azuis as paredes do prostíbulo.
Ela estendeu-se nua entre os arcos da sala
E matou-se devassada de ternura.
"Que azul insuportável", antes gritou.
"Como se adulta um berço me habitasse"

Foi esta a canção de Natal cantada pelo louco
Quando me deu a Hilde: a porca que levava sobre o dorso.

XVI

— Não percebes, Samsara, que Aquele que se esconde
E que tu sonhas homem, quer ouvir o teu grito?
Que há uma luz que nasce da blasfêmia
E amortece na pena? Que é o cinza a cor do teu queixume

E o grito tem a cor do sangue Daquele que se esconde?

Vive o carmim, Samsara. A ferida.
E terás um vestígio do Homem na tua estrada.

XVII

Minha sombra à minha frente desdobrada
Sombra de sua própria sombra? Sim. Em sonhos via.
Prateado de guizos
O louco sussurrava um refrão erudito:
— Ipseidade, Samsara. Ipseidade, senhora. —

E enfeixando energia, cintilando
Fez de nós dois um único indivíduo.

via
vazia

[1989]

I

Eu sou Medo. Estertor.
Tu, meu Deus, um cavalo de ferro
Colado à futilidade das alturas.

II

Movo-me no charco. Entre o junco e o lagarto.
E Tu, como Petrarca, deves cantar tua Laura:
"Le Stelle, il cielo, caldi sospiri"
E nem há lua esta noite. Nascidas deste canto
Das palavras, só há borbulhas n'água.

III

Rato d'água, círculo no remoinho da busca.
Que sou teu filho, Pai, me dizem. Farejo.
Com a focinhez que me foi dada
Encontro alguns dejetos. Depois, estendido
Na pedra (que dizem ser teu peito), busco um sinal.
E de novo farejo. Há quanto tempo. Há quanto tempo.

IV

À carne, aos pelos, à garganta, à língua
A tudo isto te assemelhas?
Mas e o depois da morte, Pai?
As centelhas que nascem da carne sob a terra
O estar ali cintilando de treva. Hein?
À treva te assemelhas?

V

Dá-me a via do excesso. O estupor.
Amputado de gestos, dá-me a eloquência do Nada
Os ossos cintilando
Na orvalhada friez do teu deserto.

VI

Que vertigem, Pai.
Pueril e devasso
No furor da tua víscera
Trituras a cada dia
Meu exíguo espaço.

VII

Tu sabes que serram cavalos vivos
Para que fiquem macias
As sacolas dos ricos?
Tu gozas ou defecas
Diante do ato sem nome
O rubro obsceno dessa orgia?

VIII

Descansa.
O Homem já se fez
O escuro cego raivoso animal
Que pretendias.

IX

Uma mulher suspensa entre as linhas e os dentes.
Antiquíssima ave, marionete de penas
As asas que pensou lhe foram arrancadas.
Lavado de luzes, um deus me movimenta.
Indiferente. Bufo.

X

PEDRA-D'ÁGUA, ABISMO, PEDRA-FERRO
Como te chamas? Para que eu possa ao menos
Soletrar teu nome, grudada à tua fundura.

XI

Nos pauis, no pau-de-lacre,
Aquele de nervuras e de folhas brilhantes, transitas.
No pau de virar tripa, só neste último, Pai
Eu sei que te demoras, meditando minha víscera.

XII

Águas de grande sombra, água de espinhos:
O Tempo não roerá o verso da minha boca.
Águas manchadas de um torpor de vinhos:
Hei de tragá-las todas. E lúbrico, descontínuo
O TEMPO NÃO VIVERÁ SE TOCAR A MINHA BOCA.

alcoólicas

[1990]

*a
Goffredo da Silva Telles Júnior
Ignacio da Silva Telles
José Aristodemo Pinotti
pelas águas intensas da amizade.*

Drink we till we prove more, not less, than men,
And turn not beasts, but angels.
.............and forget to dy.*

RICHARD CRASHAW
(*poet and saint*)

---

* Em tradução livre: "Bebamos até provar que somos mais, não menos, que homens,/ E nos transformemos não em feras, mas em anjos./ .... e esqueçamos de morrer". (N. E.)

I

a Jamil Snege

É crua a vida. Alça de tripa e metal.
Nela despenco: pedra mórula ferida.
É crua e dura a vida. Como um naco de víbora.
Como-a no livor da língua
Tinta, lavo-te os antebraços, Vida, lavo-me
No estreito-pouco
Do meu corpo, lavo as vigas dos ossos, minha vida
Tua unha plúmbea, meu casaco *rosso*.
E perambulamos de coturno pela rua
Rubras, góticas, altas de corpo e copos.
A vida é crua. Faminta como o bico dos corvos.
E pode ser tão generosa e mítica: arroio, lágrima
Olho d'água, bebida. A Vida é líquida.

II

Também são cruas e duras as palavras e as caras
Antes de nos sentarmos à mesa, tu e eu, Vida
Diante do coruscante ouro da bebida. Aos poucos
Vão se fazendo remansos, lentilhas d'água, diamantes
Sobre os insultos do passado e do agora. Aos poucos
Somos duas senhoras, encharcadas de riso, rosadas
De um amora, uma que entrevi no teu hálito, amigo
Quando me permitiste o paraíso. O sinistro das horas
Vai se fazendo tempo de conquista. Langor e sofrimento
Vão se fazendo olvido. Depois deitadas, a morte
É um rei que nos visita e nos cobre de mirra.
Sussurras: ah, a Vida é líquida.

III

Alturas, tiras, subo-as, recorto-as
E pairamos as duas, eu e a Vida
No carmim da borrasca. Embriagadas
Mergulhamos nítidas num borraçal que coaxa.
Que estilosa galhofa. Que desempenados
Serafins. Nós duas nos vapores
Lobotômicas líricas, e a gaivagem
Se transforma em galarim, e é translúcida
A lama e é extremoso o Nada.
Descasco o dementado cotidiano
E seu rito pastoso de parábolas.
Pacientes, canonisas, muito bem-educadas
Aguardamos o tépido poente, o copo, a casa.

Ah, o todo se dignifica quando a Vida é líquida.

IV

E bebendo, Vida, recusamos o sólido
O nodoso, a friez-armadilha
De algum rosto sóbrio, certa voz
Que se amplia, certo olhar que condena
O nosso olhar gasoso: então, bebendo?
E respondemos lassas lérias letícias
O lusco das lagartixas, o lustrino
Das quilhas, barcas, gaivotas, drenos
E afasta-se de nós o sólido de fechado cenho.
Rejubilam-se nossas coronárias. Rejubilo-me
Na noite navegada, e rio, rio, e remendo
Meu casaco *rosso* tecido de açucena.
Se dedutiva e líquida, a Vida é plena.

V

Te amo, Vida, líquida esteira onde me deito
Romã baba alcaçuz, teu trançado rosado
Salpicado de negro, de doçuras e iras.
Te amo, Líquida, descendo escorrida
Pela víscera, e assim esquecendo

> Fomes
> País
> O riso solto
> A dentadura etérea
> Bola
> Miséria.

Bebendo, Vida, invento casa, comida
E um Mais que se agiganta, um Mais
Conquistando um fulcro potente na garganta
Um látego, uma chama, um canto. Ama-me.
Embriagada. Interdita. Ama-me. Sou menos
Quando não sou líquida.

VI

Vem, senhora, estou só, me diz a Vida.
Enquanto te demoras nos textos eloquentes
Aqueles onde meditas a carne, essa coisa
Que geme, sofre e morre, ficam vazios os copos
Fica em repouso a bebida, e tu sabes que ela é mais viva
Enquanto escorre. Se te demoras, começas a pensar
Em tudo que se evola, e cantarás: como é triste
O poente. E a casa como é antiga. Já vês
Que te fazes banal na rima e na medida.

Corre. O casaco e o coturno estão em seus lugares.
Carminadas e altas, vamos rever as ruas
E como dizia o Rosa: os olhos nas nonadas.
Como tu dizes sempre: os olhos no absurdo.

Vem. Liquidifica o mundo.

VII

Mandíbulas. Espáduas. Frente e avesso.
A Vida ressoa o coturno na calçada.
Estou mais do que viva: embriagada.
Bêbados e loucos é que repensam a carne o corpo
Vastidão e cinzas. Conceitos e palavras.
Como convém a bêbados grito o inarticulado
A garganta candente, devassada.
Alguns se ofendem. As caras são paredes. Deitam-me.
A noite é um infinito que se afasta. Funil. Galáxia.
Líquida e bem-aventurada, sobrevoo. Eu, e o casaco *rosso*
Que não tenho, mas que a cada noite recrio
Sobre a espádua.

VIII

O casaco *rosso* me espia. A lã
Desfazida por maus-tratos
É gasta e rugosa nas axilas.
A frente revela nódoas vivas
Irregulares, distintas
Porque quando arranco os coturnos
Na alvorada, ou quando os coloco rápida
Ao crepúsculo, caio sempre de bruços.
A Vida é que me põe em pé. E a sede.
E a saliva. A língua procura aquele gosto
Aquele seco dourado, e acaricia os lábios
Babando imprudente no casaco.

É bom e manso o meu casaco *rosso*
Às vezes grita: ah, se te lembrasses de mim
Quando prolixa. Lava-me, hilda.

IX

Se um dia te afastares de mim, Vida — o que não creio
Porque algumas intensidades têm a parecença da bebida
Bebe por mim paixão e turbulência, caminha
Onde houver uvas e papoulas negras (inventa-as)
Recorda-me, Vida: passeia meu casaco, deita-te
Com aquele que sem mim há de sentir um prolongado vazio.
Empresta-lhe meu coturno e meu casaco *rosso*:
                              [compreenderá
O porquê de buscar conhecimento na embriaguez da
                              [via manifesta.
Pervaga. Deita-te comigo. Apreende a experiência lésbica:
O êxtase de te deitares contigo. Beba.
Estilhaça a tua própria medida.

**do
desejo**

[1992]

*À memória de
Apolonio de Almeida Prado Hilst,
meu pai.*

Quem és? Perguntei ao desejo.
Respondeu: lava. Depois pó. Depois nada.

I

Porque há desejo em mim, é tudo cintilância.
Antes, o cotidiano era um pensar alturas
Buscando Aquele Outro decantado
Surdo à minha humana ladradura.
Visgo e suor, pois nunca se faziam.
Hoje, de carne e osso, laborioso, lascivo
Tomas-me o corpo. E que descanso me dás
Depois das lidas. Sonhei penhascos
Quando havia o jardim aqui ao lado.
Pensei subidas onde não havia rastros.
Extasiada, fodo contigo
Ao invés de ganir diante do Nada.

II

Ver-te. Tocar-te. Que fulgor de máscaras.
Que desenhos e ríctus na tua cara
Como os frisos veementes dos tapetes antigos.
Que sombrio te tornas se repito
O sinuoso caminho que persigo: um desejo
Sem dono, um adorar-te vívido mas livre.
E que escura me faço se abocanhas de mim
Palavras e resíduos. Me vêm fomes
Agonias de grandes espessuras, embaçadas luas
Facas, tempestade. Ver-te. Tocar-te.
Cordura.
Crueldade.

III

Colada à tua boca a minha desordem.
O meu vasto querer.
O incompossível se fazendo ordem.
Colada à tua boca, mas descomedida
Árdua
Construtor de ilusões examino-te sôfrega
Como se fosses morrer colado à minha boca.
Como se fosse nascer
E tu fosses o dia magnânimo
Eu te sorvo extremada à luz do amanhecer.

IV

Se eu disser que vi um pássaro
Sobre o teu sexo, deverias crer?
E se não for verdade, em nada mudará o Universo.
Se eu disser que o desejo é Eternidade
Porque o instante arde interminável
Deverias crer? E se não for verdade
Tantos o disseram que talvez possa ser.
No desejo nos vêm sofomanias, adornos
Impudência, pejo. E agora digo que há um pássaro
Voando sobre o Tejo. Por que não posso
Pontilhar de inocência e poesia
Ossos, sangue, carne, o agora
E tudo isso em nós que se fará disforme?

V

Existe a noite, e existe o breu.
Noite é o velado coração de Deus
Esse que por pudor não mais procuro.
Breu é quando tu te afastas ou dizes
Que viajas, e um sol de gelo
Petrifica-me a cara e desobriga-me
De fidelidade e de conjura. O desejo,
Este da carne, a mim não me faz medo.
Assim como me veio, também não me avassala.
Sabes por quê? Lutei com Aquele.
E dele também não fui lacaia.

VI

Aquele Outro não via minha muita amplidão.
Nada LHE bastava. Nem ígneas cantigas.
E agora vã, te pareço soberba, magnífica
E fodes como quem morre a última conquista
E ardes como desejei arder de santidade.
(E há luz na tua carne e tu palpitas.)

Ah, por que me vejo vasta e inflexível
Desejando um desejo vizinhante
De uma Fome irada e obsessiva?

VII

Lembra-te que há um querer doloroso
E de fastio a que chamam de amor.
E outro de tulipas e de espelhos
Licencioso, indigno, a que chamam desejo.
Há no caminhar um descaminho, um arrastar-se
Em direção aos ventos, aos açoites
E um único extraordinário turbilhão.
Por que me queres sempre nos espelhos
Naquele descaminhar, no pó dos impossíveis
Se só me quero viva nas tuas veias?

VIII

Se te ausentas há paredes em mim.
Friez de ruas duras
E um desvanecimento trêmulo de avencas.
Então me amas? te pões a perguntar.
E eu repito que há paredes, friez
Há molimentos, e nem por isso há chama.
DESEJO é um Todo lustroso de carícias
Uma boca sem forma, um Caracol de Fogo.
desejo é uma palavra com a vivez do sangue
E outra com a ferocidade de Um só Amante.
DESEJO é Outro. Voragem que me habita.

IX

E por que haverias de querer minha alma
Na tua cama?
Disse palavras líquidas, deleitosas, ásperas
Obscenas, porque era assim que gostávamos.
Mas não menti gozo prazer lascívia
Nem omiti que a alma está além, buscando
Aquele Outro. E te repito: por que haverias
De querer minha alma na tua cama?
Jubila-te da memória de coitos e de acertos.
Ou tenta-me de novo. Obriga-me.

X

Pulsas como se fossem de carne as borboletas.
E o que vem a ser isso? perguntas.
Digo que assim há de começar o meu poema.
Então te queixas que nunca estou contigo
Que de improviso lanço versos ao ar
Ou falo de pinheiros escoceses, aqueles
Que apetecia a Talleyrand cuidar.
Ou ainda quando grito ou desfaleço
Adivinhas sorrisos, códigos, conluios
Dizes que os devo ter nos meus avessos.

Pois pode ser.
Para pensar o Outro, eu deliro ou versejo.
Pensá-lo é gozo. Então não sabes? INCORPÓREO É O DESEJO.

**da
noite**

[1992]

I

Vi as éguas da noite galopando entre as vinhas
E buscando meus sonhos. Eram soberbas, altas.
Algumas tinham manchas azuladas
E o dorso reluzia igual à noite
E as manhãs morriam
Debaixo de suas patas encarnadas.

Vi-as sorvendo as uvas que pendiam
E os beiços eram negros e orvalhados.
Uníssonas, resfolegavam.

Vi as éguas da noite entre os escombros
Da paisagem que fui. Vi sombras, elfos e ciladas.
Laços de pedra e palha entre as alfombras
E, vasto, um poço engolindo meu nome e meu retrato.

Vi-as tumultuadas. Intensas.
E numa delas, insone, a mim me vi.

II

Que canto há de cantar o que perdura?
A sombra, o sonho, o labirinto, o caos
A vertigem de ser, a asa, o grito.
Que mitos, meu amor, entre os lençóis:
O que tu pensas gozo é tão finito
E o que pensas amor é muito mais.
Como cobrir-te de pássaros e plumas
E ao mesmo tempo te dizer adeus
Porque imperfeito és carne e perecível

E o que eu desejo é luz e imaterial.

Que canto há de cantar o indefinível?
O toque sem tocar, o olhar sem ver
A alma, amor, entrelaçada dos indescritíveis.
Como te amar, sem nunca merecer?

III

Vem dos vales a voz. Do poço.
Dos penhascos. Vem funda e fria
Amolecida e terna, anêmonas que vi:
Corfu. No Mar Egeu. Em Creta.
Vem revestida às vezes de aspereza
Vem com brilhos de dor e madrepérola
Mas ressoa cruel e abjeta
Se me proponho ouvir. Vem do Nada.
Dos vínculos desfeitos. Vem dos ressentimentos.
E sibilante e lisa
Se faz paixão, serpente, e nos habita.

IV

Dirás que sonho o dementado sonho de um poeta
Se digo que me vi em outras vidas
Entre claustros, pássaros, de marfim uns barcos?
Dirás que sonho uma rainha persa
Se digo que me vi dolente e inaudita
Entre amoras negras, nêsperas, sempre-vivas?
Mas não. Alguém gritava: acorda, acorda, Vida.
E se te digo que estavas a meu lado
E eloquente e amante e de palavras ávido
Dirás que menti? Mas não. Alguém gritava:
Palavras... apenas sons e areia. Acorda.
Acorda, Vida.

V

Águas. Onde só os tigres mitigam a sua sede.
Também eu em ti, feroz, encantoada
Atravessei as cercaduras raras
E me fiz máscara, mulher e conjetura.
Águas que não bebi. Crepusculares. Cavas.
Códigos que decifrei e onde me vi mil vezes
Inconexa, parca. Ah, toma-me de novo
Antiquíssima, nova. Como se fosses o tigre
A beber daquelas águas.

VI

O que é a carne? O que é este Isso
Que recobre o osso
Este novelo liso e convulso
Esta desordem de prazer e atrito
Este caos de dor sobre o pastoso.
A carne. Não sei este Isso.

O que é o osso? Este viço luzente
Desejoso de envoltório e terra.
Luzidio rosto.
Ossos. Carne. Dois Issos sem nome.

VII

Dunas e cabras. E minha alma voltada
Para o fosco profundo da Tua Cara.
Passeio meu caminho de pedra, leite e pelo.
Sou isto: um alguém-nada que te busca.
Um casco. Um cheiro. Esvazia-me de perguntas.
De roteiro. Que eu apenas suba.

VIII

Costuro o infinito sobre o peito.
E no entanto sou água fugidia e amarga.
E sou crível e antiga como aquilo que vês:
Pedras, frontões no Todo inamovível.
Terrena, me adivinho montanha algumas vezes.
Recente, inumana, inexprimível
Costuro o infinito sobre o peito
Como aqueles que amam.

IX

Penso linhos e unguentos
Para o coração machucado de Tempo.
Penso bilhas e pátios
Pela comoção de contemplá-los.
(E de te ver ali
À luz da geometria de teus atos)
Penso-te
Pensando-me em agonia. E não estou.
Estou apenas densa
Recolhendo aroma, passo
O refulgente de ti que me restou.

X

Que te demores, que me persigas
Como alguns perseguem as tulipas
Para prover o esquecimento de si.
Que te demores
Cobrindo-me de sumos e de tintas
Na minha noite de fomes.
Reflete-me. Sou teu destino e poente.
Dorme.

cantares do sem nome e de partidas

[1995]

*A André Pinotti
e à memória de
Mirella Pinotti*

*Ó tirânico Amor, ó caso vário
Que obrigas um querer que sempre seja
De si contínuo e áspero adversário...*
                              LUÍS VAZ DE CAMÕES

*Cubram-lhe o rosto, meus olhos ofuscam-se;
ela morreu jovem.*
                              JOHN WEBSTER

I

Que este amor não me cegue nem me siga.
E de mim mesma nunca se aperceba.
Que me exclua do estar sendo perseguida
E do tormento
De só por ele me saber estar sendo.
Que o olhar não se perca nas tulipas
Pois formas tão perfeitas de beleza
Vêm do fulgor das trevas.
E o meu Senhor habita o rutilante escuro
De um suposto de heras em alto muro.

Que este amor só me faça descontente
E farta de fadigas. E de fragilidades tantas
Eu me faça pequena. E diminuta e tenra
Como só soem ser aranhas e formigas.

Que este amor só me veja de partida.

II

E só me veja

No não merecimento das conquistas.
De pé. Nas plataformas, nas escadas
Ou através de umas janelas baças:
Uma mulher no trem: perfil desabitado de carícias.
E só me veja no não merecimento e interdita:
Papéis, valises, tomos, sobretudos

Eu-alguém travestida de luto. (E um olhar
de púrpura e desgosto, vendo através de mim
navios e dorsos.)

Dorsos de luz de águas mais profundas. Peixes.
Mas sobre mim, intensas, ilhargas juvenis
Machucadas de gozo.

E que jamais perceba o *rocio* da chama:
Este molhado fulgor sobre o meu rosto.

III

Isso de mim que anseia despedida
(Para perpetuar o que está sendo)
Não tem nome de amor. Nem é celeste
Ou terreno. Isso de mim é marulhoso
E tenro. Dançarino também. Isso de mim
É novo: Como quem come o que nada contém.
A impossível oquidão de um ovo.
Como se um tigre
Reversivo
Veemente de seu avesso
Cantasse mansamente.

Não tem nome de amor. Nem se parece a mim.
Como pode ser isso? Ser tenro, marulhoso
Dançarino e novo, ter nome de ninguém
E preferir ausência e desconforto
Para guardar no eterno o coração do outro.

IV

E por quê, também não doloso e penitente?
Dolo pode ser punhal. E astúcia, logro.
E isso sem nome, o despedir-se sempre
Tem muito de sedução, armadilhas, minúcias
Isso sem nome fere e faz feridas.
Penitente e algoz:
Como se só na morte abraçasses a vida.

É pomposo e pungente. Com ares de santidade
Odores de cortesã, pode ser carmelita
Ou Catarina, ser menina ou malsã.

Penitente e doloso
Pode ser o sumo de um instante.
Pode ser tu-outro pretendido, teu adeus, tua sorte.
Fêmea-rapaz, isso sem nome pode ser um todo
Que só se ajusta ao Nunca. Ao Nunca Mais.

V

O Nunca Mais não é verdade.
Há ilusões e assomos, há repentes
De perpetuar a Duração.
O Nunca Mais é só meia-verdade:
Como se visses a ave entre a folhagem
E ao mesmo tempo não.
(E antevisses
Contentamento e morte na paisagem.)

O Nunca Mais é de planície e fendas.
É de abismos e arroios.
É de perpetuidade no que pensas efêmero
E breve e pequenino
No que sentes eterno.

Nem é corvo ou poema o Nunca Mais.

VI

Tem nome veemente. O Nunca Mais tem fome.
De formosura, desgosto, ri
E chora. Um tigre passeia o Nunca Mais
Sobre as paredes do gozo. Um tigre te persegue.
E perseguido és novo, devastado e outro.
Pensas comicidade no que é breve: paixão?
Há de se diluir. Molhaduras, lençóis
E de fartar-se,
O nojo. Mas não. Atado à tua própria envoltura
Manchado de quimeras, passeias teu costado.

O Nunca Mais é a fera.

VII

Rios de rumor: meu peito te dizendo adeus.
Aldeia é o que sou. Aldeã de conceitos
Porque me fiz tanto de ressentimentos
Que o melhor é partir. E te mandar escritos.
Rios de rumor no peito: que te viram subir
A colina de alfafas, sem éguas e sem cabras
Mas com a mulher, aquela,
Que sempre diante dela me soube tão pequena.
Sabenças? Esqueci-as. Livros? Perdi-os.
Perdi-me tanto em ti
Que quando estou contigo não sou vista
E quando estás comigo veem aquela.

VIII

Aquela que não te pertence por mais queira
(Porque ser pertencente
É entregar a alma a uma Cara, a de áspide
Escura e clara, negra e transparente), Ai!
Saber-se pertencente é ter mais nada.
É ter tudo também.
É como ter o rio, aquele que deságua
Nas infinitas águas de um sem-fim de ninguéns.
Aquela que não te pertence não tem corpo.
Porque corpo é um conceito suposto de matéria
E finito. E aquela é luz. E etérea.

Pertencente é não ter rosto. É ser amante
De um Outro que nem nome tem. Não é Deus nem Satã.
Não tem ilharga ou osso. Fende sem ofender.
É vida e ferida ao mesmo tempo, "esse"
Que bem me sabe inteira pertencida.

IX

Ilharga, osso, algumas vezes é tudo o que se tem.
Pensas de carne a ilha, e majestoso o osso.
E pensas maravilha quando pensas anca
Quando pensas virilha pensas gozo.
Mas tudo mais falece quando pensas tardança
E te despedes.
E quando pensas breve
Teu balbucio trêmulo, teu texto-desengano
Que te espia, e espia o pouco tempo te rondando a ilha.
E quando pensas VIDA QUE ESMORECE. E retomas
Luta, ascese, e as mós vão triturando
Tua esmaltada garganta... Mas assim mesmo
Canta! Ainda que se desfaçam ilhargas, trilhas...
Canta o começo e o fim. Como se fosse verdade
A esperança.

X

Como se fosse verdade encantações, poemas
Como se Aquele ouvisse arrebatado
Teus cantares de louca, as cantigas da pena.
Como se a cada noite de ti se despedisse
Com colibris na boca.
E candeias e frutos, como se fosses amante
E estivesses de luto, e Ele, o Pai
Te fizesse porisso adormecer...
(Como se se apiedasse porque humana
És apenas poeira,
E Ele o grande Tecelão da tua morte: a teia).

Como se fosse vão te amar e por isso perfeito.
Amar o perecível, o nada, o pó, é sempre despedir-se.
E não é Ele, o Fazedor, o Artífice, o Cego
O Seguidor disso sem nome? ISSO...

O amor e sua fome.

sobre a autora

Filha do fazendeiro, jornalista e poeta Apolônio de Almeida Prado Hilst e de Bedecilda Vaz Cardoso, Hilda de Almeida Prado Hilst nasceu em Jaú, São Paulo, em 21 de abril de 1930. Os pais se separaram em 1932, ano em que ela se mudou com a mãe e o meio-irmão para Santos. Três anos mais tarde, seu pai foi diagnosticado com paranoia esquizoide, tema que apareceria de forma contundente em toda a obra da poeta. Aos sete anos, Hilda foi estudar no Colégio Interno Santa Marcelina, em São Paulo. Terminou a formação clássica no Instituto Mackenzie, morando com uma governanta alemã, e se formou na Faculdade de Direito do Largo São Francisco, da Universidade de São Paulo.

Hilda publicou seu primeiro livro, *Presságio*, em 1950, e o segundo, *Balada de Alzira*, no ano seguinte. Em 1963, abandonou a atribulada vida social e se mudou para a fazenda da mãe, São José, próxima a Campinas. Num lote desse terreno, a poeta construiu sua chácara, Casa do Sol, onde passou a viver a partir de 1966, ano da morte do pai. Na companhia do escultor Dante Casarini, com quem foi casada entre 1968 e 1985, de muitos amigos que por lá passaram e de dezenas de cachorros, ela se dedicou exclusivamente à escrita. Além de poesia, ainda na década de 1960, a escritora começou a ampliar sua produção para ficção e peças de teatro.

Nos anos 1990, em reação ao limitado alcance de seus livros, Hilda se despediu do que chamava de "literatura séria" e inaugurou a fase pornográfica com os títulos que integrariam a "tetralogia obscena": *O caderno rosa de Lori Lamby*, *Contos d'escárnio/ Textos grotescos*, *Cartas de um sedutor* e *Bufólicas*. De 1992 a 1995, colaborou para o *Correio Popular* de Campinas com crônicas semanais.

Entre os prêmios recebidos pela escritora, destacam-se o PEN Clube de São Paulo para *Sete cantos do poeta para o anjo*, em 1962; o Grande Prêmio da Crítica pelo Conjunto da Obra, da Associação Paulista dos Críticos de Arte (APCA), em 1981; o Jabuti por *Rútilo Nada*, em 1994; e o Moinho Santista pelo conjunto da produção poética, em 2002. Hilda morreu em 2004, em Campinas.

índice de primeiros versos

À carne, aos pelos, à garganta, à língua, 58
Águas, 101
Águas de grande sombra, água de espinhos, 66
Alturas, tiras, subo-as, recorto-as, 73
Amor chagado, de púrpura, de desejo, 20
Aquela que não te pertence por mais queira, 117
Aquele fino traço da colina, 18
Aquele Outro não via minha muita amplidão, 90
As barcas afundadas, 28
As maçãs ao relento, 16

Carrega-me contigo, Pássaro-Poesia, 12
Colada à tua boca a minha desordem, 87
Como se fosse verdade encantações, poemas, 119
Como se te perdesse, assim te quero, 13
Costuro o infinito sobre o peito, 104

Dá-me a via do excesso, 59
De canoas verdes de amargas oliveiras, 45
De cigarras e pedras, querem nascer palavras, 35
De grossos muros, de folhas machucadas, 31
Descansa, 62
De uma fome de afagos, tigres baços, 14
Devo viver entre os homens, 27
Devo voltar à luz que me pensou, 41
Dirás que sonho o dementado sonho de um poeta, 100
Dunas e cabras, 103

E bebendo, Vida, recusamos o sólido, 74
É crua a vida, 71
Empoçada de instantes, cresce a noite, 30
É o olho copioso de Deus, 44
E por que haverias de querer minha alma, 93
E por quê, também não doloso e penitente?, 113
Eram águas castanhas as que eu via, 42
Eram azuis as paredes do prostíbulo, 49
E só me veja, 111

Eu sou Medo, 55
Existe a noite, e existe
o breu, 89
Extrema, toco-te o rosto, 24

Guardo-vos manhãs de terracota
e azul, 19

Há um incêndio de angústias
e de sons, 21

Ilharga, osso, algumas vezes
é tudo o que se tem, 118
Isso de mim que anseia
despedida, 112

Lembra-te que há um querer
doloroso, 91

Mandíbulas, 77
Minha sombra à minha frente
desdobrada, 51
Movo-me no charco, 56

Não percebes, Samsara, que
Aquele que se esconde, 50
Nos pauis, no pau-de-lacre, 65

O casaco rosso me espia, 78
O escritor e seus múltiplos
vêm vos dizer adeus, 32
Olhando o meu passeio, 37

O louco (a minha sombra)
escancarou a boca, 39
O louco estendeu-se sobre
a ponte, 38
O louco saltimbanco, 40
O louco se fechou ao riso, 43
O Nunca Mais não é verdade, 114
O que é a carne?, 102
Os ponteiros de anil no esguio
das águas, 22
Outeiros, átrios, pombas
e vindimas, 25

Paliçadas e juncos, 26
PEDRA-D'ÁGUA, ABISMO,
PEDRA-FERRO, 64
Penso linhos e unguentos, 105
Porco-poeta que me sei, na
cegueira, no charco, 11
Porque há desejo em mim, é tudo
cintilância, 85
Pulsas como se fossem de carne
as borboletas, 94

Que as barcaças do Tempo
me devolvam, 17
Que canto há de cantar
o que perdura?, 98
Que este amor não me cegue
nem me siga, 110
Queres voar, Samsara?, 47
Que vertigem, Pai, 60

Que te demores, que me
    persigas, 106

Rato d'água, círculo no remoinho
    da busca, 57
Rios de rumor: meu peito
    te dizendo adeus, 116

Se chegarem as gentes, diga que
    vivo o meu avesso, 15
Se eu disser que vi um pássaro, 88
Será que apreendo a morte, 29
Se te ausentas há paredes
    em mim, 92
Se te pertenço, separo-me
    de mim, 36
Se tivesse madeira e ilusões, 23
Se um dia te afastares de mim,
    Vida, 79

Também são cruas e duras
    as palavras e as caras, 72
Te amo, Vida, líquida esteira
    onde me deito, 75
Telhas, calhas, 48
Temendo deste agosto o fogo
    e o vento, 46
Tem nome veemente, 115
Tu sabes que serram cavalos
    vivos, 61

Uma mulher suspensa entre
    as linhas e os dentes, 63

Vem dos vales a voz, 99
Vem, senhora, estou só, me diz
    a Vida, 76
Ver-te, 86
Vi as éguas da noite galopando
    entre as vinhas, 97

TIPOGRAFIA Wigrum

DIAGRAMAÇÃO acomte

PAPEL Pólen Bold, Suzano S.A.

IMPRESSÃO Lis Gráfica, julho de 2021

A marca FSC® é a garantia de que a madeira utilizada na fabricação do papel deste livro provém de florestas que foram gerenciadas de maneira ambientalmente correta, socialmente justa e economicamente viável, além de outras fontes de origem controlada.